ÉTUDES RÉTROSPECTIVES

SUR

L'ÉTAT DE LA SCÈNE TRAGIQUE

DEPUIS 1815 JUSQU'A 1830.

PIERRE VICTOR.

Recherches artistiques et littéraires sur sa carrière théâtrale,

Par Germain Sarrut,

AUTEUR DE LA *BIOGRAPHIE DES HOMMES DU JOUR.*

II

A PARIS,

CHEZ P.-H. KRABBE, QUAI SAINT-MICHEL, 15.

—— PILOUT, RUE DE LA MONNAIE, 24.

1843.

timents qu'il doit exprimer, et sa physionomie est pleine d'une expression vraiment tragique. »

« La presse parisienne continua de lui être généralement favorable, mais elle se montra cependant plus réservée dans ses éloges que la presse belge, et elle ne fut pas toujours unanime dans ses avis : tandis que quelques feuilles lui trouvaient plus d'habitude de la scène, un jeu plus mesuré, un débit plus étudié, quelques autres prétendaient que, s'il avait tout ce que donne la nature, tout ce qui tient à l'art avait besoin chez lui d'être refait ou perfectionné. On lui reprocha aussi de ne pas assez ménager ses moyens, de ne pas prendre assez de part aux discours de ses interlocuteurs. On trouva qu'il ne se préservait pas toujours de l'emphase de Lafon et de la familiarité de Talma ; mais en définitive, les juges les plus difficiles reconnurent qu'il y avait en lui toutes les qualités nécessaires pour constituer le grand tragédien.

L'aristarque des *Débats* publia sur Victor un feuilleton qui ne s'accordait pas parfaitement avec le jugement qu'il en avait porté précédemment. Il revint souvent, et non sans fondement, sur le défaut de méthode de son jeu ; mais il lui reprocha avec moins de raison, à mon avis, *de manquer de force physique et d'avoir la poitrine faible*, car l'altération qu'éprouvait assez fréquemment la voix de Victor, dans ses premières années de théâtre, provenait visiblement, pour un observateur attentif, d'efforts trop prodigués (1).

(1) En général, on confond dans le monde, en parlant de la voix des acteurs, *la force*, *l'éclat* et les autres qualités distinctives de cet organe, et c'est aussi parce que les acteurs et les orateurs en tout genre, mais les premiers surtout, ne s'étudient pas assez eux-mêmes à cet égard, qu'ils s'exposent à des tentatives fâcheuses pour leur renommée. Ligier a une voix forte et éclatante ; c'est son unique mérite, et il lui a suffi depuis vingt ans pour enlever parfois de bruyants applaudissements au *parterre* et au *paradis*. Talma avait une voix harmonieuse, qu'il maîtrisait d'autant mieux qu'elle était factice, étudiée, mais par cela même, se prêtait peu à la rapidité du débit éclatant des rôles chevaleresques ; toute son intelligence ne pouvait suppléer à ce que cet organe si pur, si plein, si sonore, dont le *médium* était si riche, si imposant, avait de défectueux dans le haut ; il était sublime dans les *éclats* d'une colère concentrée, mais il ne savait à quelles cordes de sa voix s'adresser pour rendre les *éclats* de l'amour ; aussi a-t-il toujours été médiocre dans *Orosmane*, *Achille*, etc. Lafon était l'inverse de Talma, ce qui rendait im-

L'amitié, qui si souvent aveugle l'artiste sur ses défauts, éclairait aussi Victor de ses avis.

« Travaillez (lui écrivait un homme d'esprit qui avait beaucoup fréquenté le théâtre, Dorvo, auteur de la comédie de *l'Envieux*), ne vous laissez point aveugler par les flatteries; mais aussi que les critiques ne vous attiédissent point dans la carrière que vous devez parcourir avec honneur; soyez vous. Réfléchissez; votre esprit vous guidera dans nombre d'effets, et votre âme, vos moyens habilement ménagés vous donneront la faculté d'atteindre au but.... Souvenez-vous de ce qu'on a dit de Lekain et de Larive; consultez Saint-Prix; observez Talma; regardez Lafon; et ne prenez de tout cela que ce qui pourra s'adapter à vos facultés morales et physiques. Il est vingt manières de bien rendre à la scène le même sentiment; celui qui veut imiter n'est qu'un sot. La nature vous a doué de tout pour être original dans votre

possible toute comparaison entre ces deux artistes. Lafon était ampoulé par nécessité d'organe. Joanny criait dans les morceaux à effet, parce que le *médium* habituel de sa voix était très élevé, et que, malgré toutes ses études, il n'avait pu parvenir à le modifier. Beauvallet, comme Lafon et comme Joanny, manque de *médium* régulier; il n'a que des cordes basses, dont les tons élevés sont assourdissants. Victor possédait une voix dont le *médium* était mordant et noble, et se prêtait admirablement à l'expression des sentiments tristes et concentrés; par contre-coup, il péchait comme Talma, non par manque de force, mais par manque d'*éclat* dans l'expression des sentiments expansifs; mais il possédait un *médium* large, qui lui permettait d'avoir rarement besoin d'en sortir, ce qu'il ne pouvait faire sans que le public remarquât aussitôt une altération sensible dans sa voix, qui du reste avait beaucoup gagné sous ce rapport, à l'époque où il abandonna la scène.

M. Duvicquet terminait le feuilleton que je viens de rappeler par quelques observations sur Monvel qui me paraissent pleines de justesse et que je crois devoir reproduire: « Il est, dit-il, des secrets, et Monvel les connaissait bien, de suppléer par l'adresse à la force; et c'est à l'acteur qui a de l'esprit à les étudier et à les mettre en pratique. — J'ai vu jouer à Monvel le rôle de Vendôme, il y était admirable; et certes il ne l'était ni à la manière de Lekain, ni à celle de Larive ou de Lafon. Il avait dit adieu pour toujours aux effets tonnants, mais il ménageait si habilement son faible organe de cette poitrine souffrante et épuisée, il tirait des sons si pénétrants, il mettait un fini si précieux et une variété si naturelle et si vraie dans les innombrables nuances dont ce rôle se compose, il disait si juste, il marquait si bien les finales et les repos, que c'était bien long temps après la représentation que l'on avait la possibilité de réfléchir sur le disparate de ses moyens et de son extérieur avec la taille gigantesque et le caractère héroïque de son personnage. »

art ; soyez-le, et ne trompez pas les espérances et les vœux de votre sincère et vieil ami. »

On voit que les conseils ne manquaient pas au jeune tragédien, mais tous n'étaient pas donnés avec la même bienveillance. Il en reçut auxquels se mêlèrent des critiques empreintes de mauvaise foi et évidemment dictées par le désir de le décourager. Quelques précepteurs de la scène, hommes accessibles aux instigations de l'envie et qui puisent leurs jugements dans leurs intérêts, semblèrent oublier qu'il n'avait encore que quelques mois de théâtre et se montrèrent envers lui d'une exigence injuste. Il fut aisé de voir que Victor s'affectait et s'irritait de ces critiques acerbes ; elles lui ôtaient souvent sur la scène la hardiesse nécessaire aux acteurs les plus habiles. Ainsi que le remarqua un écrivain, il manquait quelquefois d'aisance ; la crainte qu'il ne pouvait vaincre l'empêchait de se livrer aux élans de son âme. Ses traits étaient alors comme paralysés par la vivacité de son imagination, plus inquiète des succès qu'elle espérait qu'occupée de l'esprit du rôle qui devait la remplir.

C'est surtout dans les coulisses que Victor ressentit les effets de l'envie. Malgré les efforts de Saint-Prix pour combattre les mauvaises dispositions de plusieurs de ses camarades, les meneurs du tripot comique combinèrent le répertoire de manière à faire tomber en partage au nouveau pensionnaire les rôles qui pouvaient lui être le moins favorables. Plusieurs *jeunes-premiers* auraient parfaitement convenu à son âge et à ses moyens ; on lui avait donné le conseil d'en jouer quelques-uns en attendant que sa voix fût tout-à-fait formée. On lui donna, au contraire, à remplir des *rôles à barbe*, tel que ceux d'Jarbe, de Philoctète, de Bayard, etc.

P. Victor se tira avec l'intelligence qui le distinguait d'Jarbe dans *Didon*, pièce qui n'avait pas été jouée depuis longtemps et qui fut remise à la scène pour Mlle Duchesnois. Mais malgré ses avantages physiques, il n'avait point une stature assez imposante, une voix assez impérieuse pour y faire illusion. Il y produisit néanmoins de l'effet dans plusieurs passages, notamment dans cette menace du roi de Numidie :

> Et fils de Jupiter, j'y porterai la foudre!

Une autre tragédie aussi médiocre et aussi dépourvue d'intérêt, mais qui a également l'avantage d'offrir aux actrices un rôle brillant, *Ariane* fut reprise pour la même tragédienne, et Victor fut condamné à y remplir le triste rôle de Pirithoüs. Mlle Duchesnois y était beaucoup mieux placée que dans Didon ; sa voix touchante et plaintive, ses accents pleins d'âme et de sensibilité se prêtaient admirablement à la représentation de ce personnage élégiaque et passionné ; elle y produisit des effets dont ne paraît pas se douter Mlle Rachel, et dont il serait à désirer que ses professeurs lui fissent connaître la tradition.

Philoctète devint une pièce de remplissage que l'on donnait, à défaut d'autres, pour compléter le spectacle. Plusieurs fois elle offrit avec le concours de Victor, de David et de Desmousseaux, un ensemble très satisfaisant ; mais d'autres fois aussi nous l'avons vue représenter avec un décousu impardonnable. Une de ces représentations fut égayée par un incident qui fait voir qu'il n'y avait pas jusqu'au machiniste qui ne commençât à s'en lasser.

« Au moment où Philoctète va percer Ulysse, le tonnerre gronde, et Hercule descend sur un nuage pour engager son ami à suivre Pyrrhus aux remparts d'Ilion. Le dieu se fit attendre, et Philoctète aurait eu vingt fois le temps d'immoler Ulysse si Victor n'eût tout-à-coup suspendu sa fureur, et, les yeux fixés vers le nuage, n'eût tranquillement attendu la voix qui devait arrêter son bras ; mais au lieu de la voix divine, un *eh! allez donc!* parti du nuage et énergiquement prononcé au milieu du silence profond des acteurs et des spectateurs, répandit dans la salle une gaîté bouffonne qui redoubla lorsque Philoctète s'écrie, après le discours d'Hercule :

O voix auguste et chère, et longtemps attendue! »

P. Victor était dans Philoctète noble et touchant, mais sa voix s'y fatiguait ; il finit par le jouer avec dégoût. La tragédie a besoin d'être représentée devant un public nombreux ; une salle vide refroidit l'acteur et le spectateur. Laharpe prétend que ce rôle est le plus théâtral et le plus pathétique que l'on connaisse ; mais, comme le fait très bien observer *Maltebrun* dans un feuilleton de *la Quotidienne* consacré à Victor, — « le spectateur ne peut être que faiblement ému de la douleur physique que Philoctète éprouve, et peut-être même l'aspect de ses souffrances nuit-il à l'intérêt qu'excite la situation morale du personnage. L'imitation théâtrale d'un mal physique prolongé pendant une pièce entière ne saurait produire l'illusion au même degré que l'expression d'une passion malheureuse......

« Il faudrait peut-être abréger la durée de ces scènes désagréables où Philoctète est en proie à ses souffrances ; il serait nécessaire aussi, nonobstant toutes les traditions du théâtre, de modérer les convulsions et les cris par lesquels les acteurs ont l'habitude d'exprimer les douleurs physiques de Philoctète.

« Si Victor prodigue trop son énergie dans ce rôle, on ne saurait faire un semblable reproche à Saint-Eugène dans le rôle de Pyrrhus ; il n'est rien moins que le fils de l'impétueux Achille, il écoute avec un sang-froid admirable la prière de Philoctète, et paraît très disposé à laisser ce héros suppliant tomber à ses pieds. Les guerriers grecs, au moment où ils devraient accourir avec empressement pour écouter de plus près le récit de l'illustre banni, s'avancent à pas comptés et en observant leurs rangs. Au milieu d'une représentation aussi froide, Philoctète a dû nécessairement paraître exagéré. »

Quant au rôle de *Bayard*, si c'est dans le dessein de desservir Victor qu'on le lui fit jouer, on se trompa, car c'est un de ceux qui lui firent le plus d'honneur. Ses chefs d'emploi ne lui opposaient pas, dans le chevalier sans peur et sans reproche, une concurrence très dangereuse. — « Talma, disait l'écrivain que nous venons de citer, pénétré des critiques de Laharpe, a cherché à voiler par son jeu ce que le rôle de Bayard a de trop brillant, mais peut-être dans quelques parties ce tragédien a-t-il poussé trop loin le caractère de gravité et de profondeur qu'il a voulu imprimer à ce rôle. Lafon, acteur d'ailleurs très estimable, s'est trop abandonné aux intentions de l'auteur, et a joué Bayard en jeune officier. Victor a essayé de suivre ses propres inspirations, c'est une chose fort louable, et les inégalités qu'on a remarquées dans son jeu donnent plus d'espérances que la monotone faiblesse de tant d'autres. »

Le *Journal de Paris* consacra aussi un long article à cette nouvelle épreuve du jeune tragédien; je crois devoir le reproduire en quelque sorte *in extenso* : — « S'il est au théâtre, dit-il, un rôle tragique où le jeune Victor puisse se présenter avec quelque assurance, c'est sans doute celui de Bayard, où il n'a pas à craindre, du moins, le danger des comparaisons. La génération présente, si l'on en excepte quelques vieillards, n'a pas vu Lekain dans ce rôle. Larive même, qui le jouait d'une manière si brillante, n'est plus guère connu maintenant que d'un petit nombre d'anciens amateurs. Talma, toujours sombre et vaporeux, toujours visant à la profondeur, n'a jamais pu saisir le caractère franc et développé du bon chevalier. Lafon enfin joue ce rôle trop en *jeune-premier*, et n'y montre pas cette mâle vigueur qui dispense les grands tragédiens de crier et de gesticuler. Ce qu'un nouvel acteur avait de mieux à faire était donc de ne s'occuper ni de Lafon, ni de Talma, et de jouer le rôle librement, hardiment, suivant sa propre manière de le juger et de le sentir.

« Le Bayard de Dubelloy, comme on l'a déjà observé, n'est pas précisément celui de l'histoire; c'est même un des défauts de sa tragédie; néanmoins ce défaut n'est pas tel qu'il ne soit possible à l'acteur d'accorder ensemble les deux caractères et de réparer ainsi, jusqu'à un certain point, la faute du poète. Si Dubelloy prête par moments à son Bayard des manières plus dignes d'un fanfaron que d'un guerrier sage et expérimenté, il faut modifier ce que cet abus a de contraire aux convenances historiques; mais il ne faut pas tomber dans un autre excès, celui du flegme et de la pesanteur, car la sagesse de Bayard n'est pas celle d'un philosophe austère, et elle n'a rien de dogmatique. Les passions ne sont point encore éteintes dans son âme ; il n'oublie pas que l'épée d'un preux chevalier est toujours consacrée à la défense des dames, comme à celle du roi et de la patrie : telles étaient, dit-on, les nuances que Lekain observait admirablement.

« Victor n'a point l'art de ménager sa voix, il ne sait pas encore prendre de repos, sacrifier d'insignifiants détails pour donner plus d'effet aux mots de valeur ; ses gestes manquent de rondeur ; mais ces imperfections ne nous autorisent pas néanmoins à juger désavantageusement de son avenir. Tout au contraire me fait voir en lui l'espoir du Théâtre-Français... Il faut le féliciter d'abord de ne s'être point mépris sur le caractère de Bayard, et d'avoir, si je puis m'exprimer ainsi, franchement abordé ce rôle. Je dois le féliciter en outre de n'avoir point cette petite manière et ce charlatanisme mesquin qu'adoptent presque tous les acteurs sans verve, incapables de s'élever au dessus du médiocre. Sa chaleur est désordonnée, mais tout annonce qu'elle est vraie, tout annonce qu'elle part de l'âme ; un de ses avantages dans le rôle de Bayard, c'est d'avoir l'extérieur conforme à l'idée que nous nous faisons du personnage ; on sait que Bayard avait la taille légère et dégagée, les yeux noirs et pleins d'expression. La voix de Victor ne nous paraît pas très étendue ; cependant elle est pleine et grave, il n'y a nul doute qu'il ne produisît beaucoup plus d'effet dans les moments d'éclat et d'enthousiasme s'il savait réserver ses forces pour les passages les plus véhéments.

« Firmin, qui remplit le rôle de Gaston, y développe toute la force et toute la chaleur qu'on peut attendre d'un acteur dont la taille et la voix n'ont rien de tragique. On lui sait gré de ses efforts, et surtout de son intelligence, qui est féconde en petites ressources ; mais eût-il encore plus d'adresse et de talent, il ne pourra jamais se flatter de nous faire illusion sous le casque d'un héros surnommé *le lion français*. Il en est de Mlle Volnais à peu près comme de Firmin : beaucoup de zèle, beaucoup d'art, mais point d'illusion. Elle est parvenue cependant à produire de l'effet dans la scène où Euphémie désespérée vient brusquement reprocher à son père de l'avoir trahie. Desmousseaux, qui paraît avoir décidément obtenu le privilége des rôles de tyran et de traître, n'a pas mal joué Avogare. Je ne puis jamais entendre sa grosse voix sans me rappeler ce pauvre chantre qu'on enrhumait pour faire le basson. »

Le Théâtre-Français reprit aussi la tragédie de *Gabrielle de Vergy*, du même auteur Dubelloy ; le panégyriste du patriotisme monarchique était très en odeur de sainteté sous la Restauration. *Gabrielle de Vergy* fut non seulement jouée souvent au Théâtre-Français, mais encore mise en pantomime au Cirque Olympique ; et ce fut fréquemment *Gaston* et *Bayard* que l'on donna au théâtre de la rue Richelieu, les jours de spectacle gratis.

Le rôle de *Fayel* ne fut pas moins favorable à Victor que celui de Bayard, du moins après le premier essai, car il se compose de traits si mobiles et de sentiments si contraires qu'il est difficile à un jeune acteur d'en bien saisir tout de suite la physionomie. Fabien Pillet (*Journal de Paris*) le traita dans ce rôle avec assez de rigueur ; mais, tout en lui reprochant de ne s'être pas rendu compte de la situation et des sentiments du personnage, il ne put néanmoins se refuser à reconnaître que tous ses efforts n'avaient pas été vains. — « Il est juste de dire, ajouta-t-il, qu'il a eu de fort beaux mouvements, surtout vers la fin du troisième acte, lorsque Fayel cherchant à se contraindre interroge sa malheureuse victime. — Il a aussi employé avec beaucoup d'art le ton de l'ironie amère dans ce passage :

Que j'aime à voir ce trouble;
Il me rassure... Eh quoi! votre frayeur redouble !

« Et, dans le quatrième acte, il s'est senti subitement animé de l'enthousiasme le plus héroïque, au moment où, Coucy invoquant la loi des chevaliers, Fayel lui répond :

La loi des chevaliers!.. c'est moi qui la réclame.
. . . .
Je pourrais te punir, j'en ai le droit sans doute...
Non, Français comme toi, l'honneur de me venger
M'offre un plaisir de plus, à l'aspect du danger.

« Mlle Volnais jouait le rôle de Gabrielle, c'est-à-dire celui d'une femme consumée par le chagrin, dont la santé dépérit de jour en jour et qui n'attend plus, comme elle le dit elle-même, que le moment de descendre au tombeau. Les traces de cette affection mélancolique sont peu visibles sur le visage et dans la complexion de Mlle Volnais. Mais le théâtre est le pays des illusions, et lorsqu'un personnage se dit mourant de consomption, eût-il d'ailleurs l'embonpoint de Desessarts (1), il faut bien l'en croire sur parole. On a donc passé sans difficulté sur ce léger défaut de vraisemblance, et Mlle Volnais, suivant l'usage, a été vivement applaudie. Ses hoquets surtout ont fait merveille, et Gabrielle en était à peine à la moitié de son agonie, que déjà plus d'une dame tombée en syncope avait été emportée hors de la salle. »

Il parut aussi dans la *Gazette de France* un excellent feuilleton sur la représentation de *Gabrielle de Vergy*; je le reproduis, comme contenant des observations fort judicieuses, qui réfutent à l'avance les fausses idées répandues, quelques années plus tard,

(1) Acteur de la Comédie-Française qui s'y fit, de 1772 à 1793, une grande réputation dans l'emploi des *financiers*, des *manteaux* et des *grimes*. Son embonpoint est resté proverbial.

dans la littérature dramatique par les partisans du romantisme ; cet article est dû à Martainville, dont l'esprit de parti dirigea trop souvent la plume, mais qui connaissait parfaitement le théâtre.

« ... Les lois imposées aux beaux arts ne forment pas un code arbitraire, motivé seulement sur le caprice du législateur. Faites pour la gloire et le plaisir de ceux qu'on y soumet, elles sont puisées dans leur propres idées, dans leurs sentiments intimes. Elles y existaient d'avance, on n'a fait que les développer, et dès qu'un homme doué du génie de l'observation fut parvenu à les saisir, à les réunir, à les expliquer, elles furent universellement adoptées parce que chacun y reconnut l'expression de sa propre pensée, et qu'en leur obéissant on suivait l'impulsion d'un sentiment inspiré par la nature et avoué par la raison.

« Comme l'a très bien reconnu Dubelloy lui-même, dans la préface de *Gabrielle de Vergy*, à une représentation dramatique le spectateur va chercher des émotions que son cœur puisse supporter et qu'il éprouve même avec plaisir ; telles sont, par exemple, celles que produit la pitié ; mais qui osera soutenir, si ce n'est l'auteur lui-même, que Gabrielle de Vergy produise cet attendrissement consolateur, fasse couler ces larmes soulageantes sans le secours desquelles l'impression de la terreur trop prolongée briserait l'âme du spectateur ? Non content de pousser la terreur jusqu'à l'horreur, Dubelloy a poussé l'horreur jusqu'au dégoût.

« En vain cherchera-t-on dans le théâtre des Grecs quelques exemples de scènes plus horribles peut-être que celle où le cœur encore palpitant de Coucy est mis sous les yeux et presque sur les lèvres de son amante ; en vain nous alléguera-t-on OEdipe incestueux et parricide, montrant aux spectateurs la cavité sanglante de ses yeux qu'il vient d'arracher ; Hercule en délire égorgeant ses enfants, et ne recouvrant sa raison que pour se voir avec horreur environné des flots de leur sang. Repoussons de pareils exemples !.... Loin, bien loin de nous ces horribles tableaux ! ce n'est pas là ce qu'il faut emprunter aux Grecs, mais ce langage énergique et vrai qu'ils savaient prêter aux passions ; et dans les pièces mêmes qui présentent ces épouvantables catastrophes, voyez la désolation d'Hercule, entendez les plaintes douloureuses d'OEdipe embrassant ses enfants, et vous sentirez l'horreur portée à son comble se changer en attendrissement, et votre cœur se soulager par un torrent de larmes.

« Mais la tragédie de *Gabrielle* laisse le spectateur dans une horreur sèche et le renvoie avec une oppression et un étouffement qui le rendent malade. Dubelloy n'a pas su éviter l'écueil qu'il avait si bien marqué. Sa pièce est dépourvue de tout intérêt, et il est facile d'en indiquer la cause. La situation des personnages est inévitablement fixée ; rien ne peut changer, quelque événement qui arrive; Gabrielle ne peut jamais être à Coucy. Au théâtre on ne s'intéresse pas à des maux sans remède ; le cœur veut être agité par une alternative de crainte et d'espérance. Que Raoul tue Fayel, que Fayel tue Raoul, Gabrielle n'en sera pas moins la plus malheureuse des femmes. On demeure presque indifférent sur l'issue du combat, qui est l'incident le plus considérable de la pièce.

« Le rôle de Fayel convient parfaitement au talent et même aux défauts de Talma. Les sombres soupçons qui le tourmentent, les efforts qu'il fait pour les dissimuler, le passage rapide de l'amour à la rage, le projet de son horrible vengeance et la douloureuse expression de ses remords, qu'il exhale avec sa vie; toutes ces nuances se confondent très bien dans la couleur noire que Talma imprime si fortement à la plupart de ses rôles. Mais ce caractère de Fayel présente aussi une nuance, que, malgré sa profonde intelligence et l'analyse raisonnée qu'il fait de tous ses rôles, Talma semble n'avoir pas fait assez prononcer et dont l'effet serait d'autant plus heureux qu'il adoucirait beaucoup l'atroce physionomie du personnage.

« Rien n'est plus aisé que de faire de Fayel un tyran frénétique, un bourreau, un boucher, un autre Barbe-bleue; l'acteur le plus médiocre y réussira aussi bien et peut-être mieux qu'un autre; mais il faut du sens, du goût, de l'art et du talent pour comprendre et faire sentir que ce Fayel si farouche, si impitoyable, n'est cruel que parce qu'il est malheureux; l'amour le plus ardent brûle son cœur, qui renfermait le germe de toutes les vertus. Cet amour impétueux produit une jalousie furieuse, horrible dans ses effets, mais non pas tout-à-fait injuste dans ses motifs. Fayel, généreux, brave, sensible, s'il eût rencontré un cœur qui eût répondu au sien, eût été le plus tendre des époux, le plus courtois des chevaliers. Le secret de son caractère est dans ces deux vers, les meilleurs de toute la pièce : il dit à Gabrielle :

> Mes jours, si vous m'aimiez, seraient purs et tranquilles;
> Hélas! qu'aux cœurs heureux les vertus sont faciles!

« C'est dans le développement de cette idée que l'acteur doit chercher le moyen d'appeler un peu d'intérêt sur Fayel, ou de faire du moins qu'un peu de pitié se mêle à l'horreur qu'il inspire.

« Victor a fait ressortir fort heureusement ce trait du caractère de Fayel. S'il y avait de la hardiesse de la part d'un jeune acteur à risquer cette innovation dans un rôle où un grand acteur a déjà fait tradition, il devait du moins se sentir encouragé par la certitude d'être approuvé des amateurs éclairés; il a eu le bonheur de réunir à leurs suffrages ceux de la multitude. Ce qui abonde ne vicie pas. Le public se plaît à donner à Victor des applaudissements dont il travaille sans cesse à se rendre plus digne. »

VI.

Rôle d'Hamlet joué par Pierre Victor. — Audace. — Usurpation. — Paris. — Annonce des *Débats*. — Les feuilletons; leurs contradictions. — Maltebrun. — Shakspeare et Ducis. — Talma et Victor. — Les détracteurs de Ducis; sa justification. — Talma à Bordeaux. — Ses plaintes au comité du Théâtre-Français. — Hamlet réclamé par lui comme sa propriété. — Beverley volé à Damas. — Phocion de Royou. — Retraite de Saint-Prix; caractère de son talent. — Fin de la première année d'essai de Pierre-Victor.

Une circonstance favorable se présenta pour faire briller d'un nouvel éclat le talent de P. Victor. Talma était en congé; son double en profita pour demander à remplir l'un des rôles dans lesquels le grand tragédien s'était acquis le plus de renommée, *Hamlet*, qu'aucun acteur n'avait encore pu ou osé aborder à la Comédie-Française, depuis qu'il en avait pris possession. Les semainiers et les membres de l'aréopage dramatique se regardèrent en souriant et y consentirent, les uns dans l'espérance de voir échouer leur jeune camarade, les autres heureux de faire sentir à Talma que son absence n'entravait pas la marche du répertoire.

L'annonce seule d'*Hamlet*, joué par un autre que Talma, fit sensation. On avait parié que Victor n'oserait pas se risquer dans ce rôle, surtout après le triomphe que le Roscius moderne venait d'y obtenir.—Récemment moi-même, disait Fabien Pillet dans le *Journal de Paris*, après la représentation, j'avais envie de prendre part à la gageure; combien je dois me féliciter qu'on n'ait pas reçu mon enjeu! non seulement Victor vient de jouer le rôle, mais il s'est tiré de cette épreuve de la manière la plus heureuse.»

Voici comment les *Débats* avaient fait connaître cet *événement tragique* dans le corps du journal: —« On annonce *Hamlet* pour vendredi au Théâtre-Français. Talma est-il revenu protester par sa présence, contre le bruit de sa mort? Talma doit être en ce moment à Bordeaux. C'est donc Lafon qui, rétabli de sa trop longue maladie, veut signaler sa rentrée par un coup d'éclat, en abordant pour la première fois un rôle joué jusqu'ici sans partage par son chef? Lafon ne quitte point la chambre où M. Boyer lui ordonne encore les arrêts de rigueur pour quelques semaines. En ce cas, c'est Joanny qui, profitant de l'absence obligée de nos deux premiers tragiques, arrive en poste de province pour essayer sous les yeux d'un public éclairé et nombreux un rôle où il s'est acquis quelque réputation? Mais Joanny, quand même il obtiendrait la permission de débuter à Paris, choisirait probablement un rôle qui l'exposerait à une comparaison moins redoutable. Mais enfin, puisqu'on donne la tragédie d'*Hamlet*, il faut bien un acteur pour le principal personnage, et je ne vois pas...... Cet acteur est tout trouvé: c'est Victor; qui, Victor? Victor l'élève du Conservatoire, le débutant de l'année dernière, dont toutes les trompettes de la Belgique ont publié, il y a six mois, les triomphes sur la scène de Bruxelles. J'ignore comment il se tirera d'affaire, et je suis loin de le décourager par un sinistre présage. Mais ce dont je vous réponds d'avance, c'est qu'il aura des spectateurs, qu'il sera applaudi chaudement à son entrée, très chaudement dans les situations les plus fortes de la tragédie, et probablement redemandé à la fin de la pièce. »

Ce présage se réalisa. P. Victor obtint un succès complet. L'assemblée nombreuse et brillante que cet essai hardi avait attirée engagea le Théâtre-Français à donner, à peu d'intervalle, trois représentations d'*Hamlet.* Tous les juges de la scène, toutes les sommités du feuilleton prirent la plume pour en rendre compte. Voici quelques-uns des articles publiés à cette occasion.

« Animé, tourmenté de l'amour de son art, Victor a voulu faire servir à sa réputation et à son avancement l'interrègne de l'empire tragique. Talma voyage pour son plaisir et pour son intérêt. Une cause plus triste tient Lafon éloigné du théâtre ; la place est libre ; Victor a senti la louable ambition de l'occuper. Sans doute il eût désiré paraître dans Spartacus, dans Warwick, dans Gustave ou dans tel autre rôle qui lui eût permis de développer son impétueux élan, et qui, négligé par ses chefs d'emploi, lui permettrait de faire juger son talent isolé de tout point de parallèle mais, — « ces pièces ne sont pas montées. » — Telle est la réponse à laquelle il a dû infailliblement s'attendre dans l'état de honteuse pénurie à laquelle le répertoire courant du Théâtre-Français est réduit par la vaniteuse paresse de deux ou trois premiers sujets.

« Il a donc fallu qu'il ouvrît son âme à la sombre mélancolie d'Hamlet, et qu'il se hasardât dans un rôle que Talma avait joué avec sa supériorité habituelle, peu de jours avant son départ. Victor néanmoins s'est tiré avec bonheur de cette terrible épreuve...

« Il a joué surtout d'une manière remarquable la scène où Hamlet, sortant subitement de son état de langueur, s'emporte pour la première fois contre l'insolent Claudius et lui annonce la résolution d'agir désormais en monarque. On a été également satisfait et du regard expressif qu'il tourne vers sa mère au moment où cette reine adultère ose lui demander s'il n'a point secrètement commis quelque crime, et du feu héroïque qu'il fait éclater lorsqu'on lui annonce l'arrivée du meurtrier de son père.

C'est Mlle Duchesnois qui jouait Gertrude, et l'intérêt qu'elle portait au débutant semblait avoir ajouté au pathétique qu'elle déploie d'ordinaire dans ce rôle. Ophélie, qui avait emprunté les traits de Mlle Bourgoin, avait voulu joindre cette fois à ses grâces naturelles les ressources de la coquetterie en se parant d'un diadème en diamants d'une valeur incalculable. »

Un pareil triomphe ne pouvait manquer de susciter la jalousie; aux éloges se mêlèrent les critiques. « Hamlet est le succès de Talma (s'écria un feuilletonniste)! eh bien! quelques jours après qu'on l'a justement applaudi dans ce rôle, un jeune commençant, un écolier, Victor l'y remplace et obtient un succès pareil. Les enthousiastes vont même jusqu'à le mettre au dessus du maître. On conteste à celui-ci des qualités que l'on découvre à l'autre, et voilà Talma oublié. Toute comparaison cloche, mais on ne saurait en établir entre deux hommes dont l'un touche le bout d'une carrière dans laquelle l'autre cherche encore son chemin. »

On reprocha à P. Victor de ne pas saisir l'ensemble du caractère d'Hamlet, de jouer trop isolément, de ne pas assez écouter ses interlocuteurs. Tandis que les uns le louaient du noble désir de sortir de la route commune en se hasardant dans un rôle que la grande supériorité de Talma avait rendu si périlleux, d'autres n'y voyaient que l'effet d'une prétention démesurée et condamnable. — Ceux-ci trouvèrent le jeu de Victor trop en dehors, ceux-là trop en dedans; tandis que les premiers disaient que sa manière était tout-à-fait opposée au jeu sombre et concentré de Talma, les seconds prétendaient que c'était en imitant le grand acteur qu'il essayait de satisfaire le public, qu'il ne produisait d'effet qu'aux vers consacrés par lui, et qu'on ne l'applaudissait que par réminiscence.

Le fait est que Victor se fit au contraire remarquer par beaucoup d'effets neufs et inattendus; et puis, comment ne pas se rapprocher dans le même rôle, lorsque avec une organisation à peu près identique on a les mêmes vers à dire, les mêmes sentiments et les mêmes pensées à exprimer? Quelques écrivains n'en poussèrent pas moins la mauvaise foi jusqu'à prétendre que le rôle d'Hamlet était peut-être celui qu'il avait le plus mal joué et qui convenait le moins à ses moyens, que tous ses défauts étaient transformés dans ce rôle en autant de beautés par les distributeurs d'éloges de commande et par les sociétaires intéressés à le prôner pendant l'absence de Talma.

Malte-Brun résuma en quelque sorte la discussion en ces termes : — « Les feuilletons et les piliers de l'orchestre déraisonnent à qui mieux mieux sur Hamlet, Victor et Talma ; on voit que notre grand tragédien a eu raison de dire que peu de personnes comprennent sa manière de jouer ce rôle, élevé par lui au premier rang. L'Hamlet de Shakspeare est une des compositions les plus admirables et en même temps une des pièces de théâtre les plus mauvaises de ce génie original. Les événements y marchent au hasard, les épisodes et les détails oiseux (selon notre système théâtral) y tiennent une place immense. Mais lisons cet ouvrage sans penser à nos règles, sans y chercher aucun de nos genres, quelles situations déchirantes et pleines de l'intérêt tragique le plus élevé !.... — Hamlet est dans Shakspeare un rêveur et un raisonneur éternel, mais tout ce qu'il dit est puisé dans les plus profonds abîmes du cœur humain, est marqué au coin du jugement le plus sain et respire les sentiments les plus généreux.

« M. Ducis a voulu réduire cette gigantesque composition aux dimensions du théâtre gréco-français. Obligé de donner à sa pièce une action plus vive, une marche plus serrée, l'imitateur français a ôté à Hamlet une partie de cette physionomie rêveuse qui fait tout son charme dans la scène anglaise ; il n'a vu dans Hamlet qu'un jeune prince malheureux, un Oreste tout au plus, et il ne s'est pas seulement douté de la grande pensée de Shakspeare, qui, en créant son Hamlet, voulait personnifier le genre humain tout entier. Un caractère vague et sublime a été remplacé par un personnage plus réel, plus dramatique, mais petit et mesquin.

« Qu'a fait Talma? il a étudié Shakspeare, il s'est pénétré du caractère du véritable Hamlet, et lui a rendu ce que M. Ducis lui avait ôté; il a exprimé par ses gestes, tour à tour lents et énergiques, par ses accents à la fois lugubres et doux, par son jeu muet très-multiplié, très-développé, ces longues agitations et ces raisonnements étendus que le système dramatique français ne pouvait admettre. De là cette apparence de monotonie et de pesanteur que plusieurs prétendus connaisseurs ont voulu remarquer dans le jeu de Talma; ils ne comprennent pas des développements qui ne sont point fondés dans le texte français, mais qui sont tout entiers de la création de l'acteur inspiré par le génie de l'auteur original.

« Talma joue Shakspeare : Victor ne joue que Ducis. Il ne peut guère faire autrement sans tomber dans l'imitation ou plutôt dans le plagiat; avec cette fidélité à suivre Ducis, même un acteur consommé resterait nécessairement inférieur à Talma. Mais pour juger avec impartialité la tentative de Victor, il est juste de faire abstraction et de Talma et de Shakspeare. On peut juger Victor comme jouant le caractère donné par l'auteur, et sous ce point de vue il mérite plus que des encouragements, il mérite des éloges. Il a développé un véritable talent dans les passages qui exigent de l'énergie et une chaleur expansive; il réussit moins dans les passages mélancoliques et tendres; c'est après tout un essai qui lui fait infiniment d'honneur. »

La plupart de ces observations sont fort justes, mais nous ne partageons pas l'avis qu'émet l'aristarque danois dans les dernières lignes. Ce qui distinguait Victor de Talma dans la manière de rendre Hamlet, c'est précisément de s'y être montré plus tendre, plus jeune, plus mélancolique, tandis que Talma y était plus sombre, plus terrible. — Nous n'approuvons pas comme lui ce dernier d'avoir *joué* Shakspeare en *jouant* Ducis; l'acteur doit suivre l'auteur et se conformer à ses pensées, sous peine de dénaturer, de fausser son rôle et de détruire l'harmonie de la pièce. En voulant donner à son personnage plus de développement que l'ouvrage ne comportait, Talma rendait l'action longue et traînante. La monotonie et la pesanteur qu'on lui reprochait dans les premiers actes, et que le compatriote d'Hamlet cherche à justifier, sont toujours au théâtre, sur quelque raisonnement qu'on se fonde pour les excuser, des défauts fatigants pour le spectateur. Ducis, d'après les avis et avec la coopération de Talma, avait souvent retouché son œuvre, et son interprète eût dû s'en tenir là. Talma s'était fait un système qui n'allait qu'à lui et qui était tout à fait contraire aux principes et aux traditions de l'ancienne école tragique française; un journal conseilla judicieusement à son double de ne pas trop s'engager dans cette route où le chef d'emploi avait égaré le public français. Talma en effet a contribué plus qu'on ne le pense à l'espèce d'anglomanie qui s'est emparée depuis une trentaine d'années de notre littérature dramatique et qui a conduit les acteurs de nos jours à apporter dans la tragédie ce ton outré et ces façons bourgeoises que nous avons à déplorer.

Ducis n'a pas voulu faire une traduction de Shakspeare. Son Hamlet a un caractère tout différent; il s'est surtout proposé de peindre en lui un modèle de piété filiale, et sa pièce offre des scènes aussi touchantes que terribles qui n'existent point dans l'auteur anglais; Ducis, que les détracteurs légitimistes de la littérature de la République et de l'Empire sont convenus de traiter de froid et timide imitateur du théâtre étranger, Ducis, souvent plein d'âme et de pathétique, risqua sur notre scène beaucoup d'innovations, et fut un des premiers à briser nos barrières classiques.—« Il faut sortir des formes connues quoique belles, écrivait-il à Talma; la nature est plus riche que l'esprit de nos prétendus faiseurs de poétiques. »

L'auteur n'a guère puisé dans la pièce anglaise que les noms des principaux personnages et quelques situations éminemment tragiques, qu'embarrassaient, au point de les rendre méconnaissables, des bouffonneries indignes. Il y a trop loin entre la belle scène où, d'après le conseil d'Hamlet, Norceste arrache le secret de Gertrude en lui racontant les circonstances de la mort du roi d'Angleterre, et la farce que l'héritier du Danemark fait jouer devant sa mère, pour qu'on puisse appeler même une imitation ce terrible tableau.

Pendant que Victor jouait *Hamlet* à Paris, Talma le jouait à Bordeaux avec son succès accoutumé ; il obtenait aussi un éclatant triomphe dans *Abufar* ; mais il produisait moins d'effet dans *Vendôme*, dans *Fayel* et même dans *Néron* ; toutes ses représentations n'étaient pas également suivies, et l'on commençait à lui reprocher de manquer de mémoire. — On parla devant lui du succès que Victor avait obtenu dans Hamlet. — « Ce « jeune homme se perd, répondit Talma ; il prend une mauvaise « route. J'ai été le premier à l'encourager, mais alors il ne cher« chait point l'effet comme aujourd'hui : il est mal conseillé. »

A son retour, Talma fit voir ce qu'il avait entendu par ces derniers mots. Il témoigna beaucoup d'humeur de ce qu'on avait laissé jouer Hamlet à son double ; il s'en plaignit au comité et ne put en déguiser son mécontentement à Victor lui-même, prétendant que ce rôle était sa *propriété* et que personne n'avait droit d'en disposer sans sa permission. Pour punir le théâtre et le public (auquel il reprochait peut-être aussi les applaudissements donnés à son émule), le grand acteur, dont le caractère honorable n'était cependant pas toujours à la hauteur de son talent, déclara dans une sorte de dépit amoureux qu'il ne jouerait plus le rôle. Heureusement sa menace ne s'accomplit pas, et il se borna à s'abstenir d'y paraître pendant quelques mois.

Ducis, en parlant de son théâtre avait dit à Talma, dans une lettre du 25 avril 1811 : — « Vous savez que je vous l'ai *donné*, qu'il vous *appartient*, que vous en êtes le maître. » — C'est sans doute sur cette donation que Talma fondait son droit de propriété ; mais il eût dû savoir que le bon Ducis avait déjà *donne* son

Hamlet à la Comédie-Française, qu'il l'avait *donné* à Molé, qui créa le rôle, et que le public pouvait bien aussi revendiquer sa part dans la jouissance de cette *donation*.

Cette singulière prétention à la *propriété* d'un rôle s'est perpétuée jusqu'à nos jours au théâtre de la rue Richelieu. Les comédiens de ce théâtre parlent des rôles de l'emploi dont ils sont en possession comme d'un bien qui leur appartient aussi exclusivement que les habits de leur garde-robe. Cela ne serait que comique, si cela n'était très-fâcheux pour l'art; mais il arrive heureusement que ces messieurs ne sont pas si rigides observateurs du code des coulisses, qu'ils ne se prennent quelquefois réciproquement leur bien (1), et l'usurpation dont Talma se plaignait, il l'exerça lui-même, à la grande satisfaction du public, sur plusieurs de ses confrères.

Je n'ai pas cité tous les rôles remplis par P. Victor dans cette première année d'essai. Il en joua plusieurs autres importants, tels que le *Cid*, *Arsace*, *Zamore*, *Assuérus*, *Rhadamiste*, et, à ce que je crois, *Coriolan*. Mais je manque de documents qui me permettent de rendre compte de la manière dont il s'en acquitta. — Il fut aussi chargé du rôle du Prytane *Chariclès* dans une tragédie nouvelle de Royou, *Phocion*, pièce froide et sans action qui obtint quelque succès, grâce au talent déployé par Saint-Prix dans le rôle principal qui est tracé en opposition à l'histoire, car l'auteur a fait un déclamateur d'un personnage célèbre par son laconisme et par son mépris pour les amplifications de rhétorique. C'est par le rôle de Phocion que Saint-Prix termina sa carrière théâtrale.

Avant de se retirer, il avait voulu faire obtenir à son élève son admission définitive; mais il ne put y parvenir. Pourtant bien

(1) Une grave discussion s'éleva peu de temps après, dans une question de ce genre à l'assemblée des sociétaires. Il s'agissait du rôle de *Beverley*, que madame Thénard avait prié Talma de jouer dans sa représentation à bénéfice, et que Damas prétendait lui appartenir. — « Je suis volé, s'écria celui-ci furieux; oui, mes camarades, volé!.. Ce rôle est de mon emploi. M. Talma a son talent, mais nous avons chacun le nôtre; Beverley est du genre du drame, et j'ai le droit d'empêcher qu'un autre ne le joue. »

peu d'acteurs avaient fait, dès leur entrée à la Comédie-Française un service aussi actif et aussi brillant! On va voir comment il en fut récompensé. — Auparavant disons quelques mots du maître; il est juste que, dans un récit consacré à l'élève, hommage soit rendu à l'homme honorable, à l'acteur illustre qui le produisit sur la scène et dont la retraite trop prompte n'a pas peu contribué à hâter la décadence de l'art tragique (1).

Saint-Prix, que l'on a trop tôt oublié et dont on n'a pas toujours assez apprécié les rares mérites, n'a point été remplacé; car Talma lui-même, tout en déployant, après lui, dans quelques rôles de l'emploi des rois, un talent supérieur, en rendait imparfaitement les parties qui demandaient un extérieur et des moyens qui lui manquaient. — Saint-Prix avait débuté au Théâtre-Français, le 9 novembre 1782, par *Tancrède*, et avait quelque temps doublé Larive. Plusieurs rôles nouveaux firent sa réputation. Il commença à l'établir dans Caïn de *la Mort d'Abel*, tragédie de Legouvé, où sa voix mâle et ses formes athlétiques le servaient à ravir. Il ne fut pas moins heureux dans la création du Cardinal, de la tragédie de *Charles IX*, par Chénier, dans le Grand Maître des *Templiers* de Raynouard; dans Artaban de *l'Artaxerce* de Delrieu; et dans *Marius à Minturnes* d'Arnault, où il mit en action, par sa pantomime, le tableau de Drouais.

On se rappelle aussi le cachet qu'il avait imprimé à plusieurs rôles de l'ancien répertoire, ses beaux moments d'inspiration, ses scènes de jeu muet pleines de dignité et d'expression dans *Agamemnon*, *Mithridate*, *le vieil Horace*, *Burrhus*, *Joad*, *Rutile*, et *Acomat*. — Saint-Prix était très-inégal et très-journalier, mais quand il était dans ses bons jours, il laissait peu de chose à désirer. Joad était peut-être le rôle où il déployait l'animation la plus soutenue et la physionomie la plus imposante. Dans Rutile, son jeu franc, simple et énergique reproduisait le

(1) Saint-Prix depuis sa retraite est resté jusqu'à sa mort attaché au Conservatoire en qualité de professeur.

personnage même. Il réunissait dans Acomat, avec une vérité frappante, la finesse du courtisan, l'art du conspirateur et la franchise du vieux guerrier.

On pouvait reprocher à Saint-Prix de ne pas assez ménager sa voix, de donner à son débit tantôt trop de lenteur, tantôt trop de précipitation, de se poser quelquefois un peu en gladiateur. Le succès d'une attitude semblait le flatter. Il avait, dans le geste comme dans la diction, de la brusquerie et de l'uniformité; sa voix, qui dans certains moments devenait sourde, dans d'autres appliquait mal les tons de force. Sa figure, quoique noble et théâtrale, était peu animée; il manquait enfin de sensibilité et de pathétique.—Mais combien de dons brillants et d'éminentes qualités rachetaient ces défauts! Quelles ressources ne tirait-il pas de son intelligence, de son instruction, de son bel organe et de son extérieur héroïque! Trop souvent il déclamait, ou bien raisonnait avec froideur; mais quelle vérité et quel naturel, quand il s'animait! D'autres acteurs se sont montrés supérieurs à lui dans l'ensemble de leurs rôles; mais aucun peut-être n'est parvenu à produire dans les détails de plus magnifiques effets. La tragédie a perdu en lui un de ses plus nobles interprètes, un de ces talents à part qui captivaient tout d'abord l'attention et dont l'absence se faisait sentir même dans les représentations où brillaient réunis Talma et les autres tragédiens distingués de son époque. Avec lui ont disparu de la scène, probablement pour toujours, le *roi des rois* et l'*implacable ennemi des Romains*.

VII.

La Comédie-Française : Ses *citoyens* et ses *ilotes*. — Le congé révoqué. — M. Papillon de La Ferté. — Pierre Victor à Amiens. — Ses représentations interdites. — M. Loyal au comité. — Convocation extraordinaire des sociétaires. — Détention arbitraire. — Retour du bon plaisir. — Pierre Victor à la Préfecture de police. — Ses plaintes et ses protestations. — Le sénat comique et son factum. — Le duc de Duras et M. Decazes. — Récits des journaux. — Les *Vélocipèdes*. — Le comédien malgré lui. — L'avocat Berryer. — Retraite de Fleury. — Le Théâtre-Français en désarroi. — Démission de mesdemoiselles Leverd et Volnais. — Talma, mesdemoiselles Duchesnois et Mars en congé. — Cabale politique au théâtre de Marseille. — Les cendres de Racine et de Pascal.

« C'est peu au théâtre de faire preuve de talent et de conquérir les suffrages du public ; il faut encore gagner les bonnes grâces de ses camarades, savoir conduire sa barque dans la mer orageuse des coulisses ; un grand art est celui d'y faire son chemin, art difficile, surtout là où les comédiens gouvernent. Le pouvoir abusif confié aux sociétaires du Théâtre-Français explique l'esprit d'intrigue et d'exclusion qui préside d'une manière si déplorable à l'administration de notre première scène nationale.

« La Comédie-Française, avec son organisation actuelle, semble constituer une espèce de république despotique à la façon de celle de Sparte : les sociétaires sont les *citoyens*, et les pensionnaires les *ilotes* ; ceux-ci sont aux gages de ceux-là : ils suivent leurs caprices, et quels caprices! C'est ici la vanité qui dicte ses lois ; il y a des rangs marqués avec une rigueur extrême et des limites qu'on ne peut franchir sous peine d'une disgrâce complète. Jouez trop mal, vous êtes chassé; jouez trop bien, chassé de même. Le zèle est noté d'ambition et le sens commun de révolte; il faut pour réussir, ou pour demeurer longtemps dans cette position, avoir un bonheur inouï, une souplesse à toute épreuve, ou une médiocrité bien constatée.... — Victor n'avait aucune des qualités que nous venons d'indiquer; il n'était ni bas, ni souple, ni d'un commun génie. On l'avait admis à l'essai, et après six mois de travaux il a demandé qu'on réglât son sort. Il a rappelé ses services et ses droits; on a nié les uns, on s'est moqué des autres; il a voulu partir alors, et par une manie passablement ridicule on ne voulait ni l'employer, ni le payer, ni le dégager. »

Depuis vingt-quatre ans que cet article a été écrit dans une feuille périodique du temps, l'état du théâtre de la rue Richelieu n'a point changé. On retrouve dans la conduite des comédiens de ce théâtre envers les débutants actuels, cet arbitraire hautain qui les dirigea envers Pierre Victor, et qui a toujours voulu soumettre au joug de l'envieuse médiocrité les sujets qui se sont présentés avec d'heureuses dispositions.

On vient de voir avec quel zèle Victor avait rempli tous les devoirs de son pénible noviciat, avec quel talent il avait soutenu les difficiles épreuves que lui imposaient les absences de Talma et les indispositions de Lafon. Il était adopté du public; il avait satisfait à toutes les conditions requises. Eh bien! tous ces avantages, tous ces titres qui semblaient faire un devoir à la Comédie-Française de se l'attacher, disparurent devant une honteuse lésinerie et de basses considérations d'amour-propre.

Engagé jusqu'au 1er avril 1818, P. Victor, avant l'expiration de ce terme, avait demandé un traitement plus avantageux pour l'année suivante. Si d'un côté le service extraordinaire qu'il avait fait lui avait fourni le précieux avantage de se produire fréquemment devant le public, d'un autre, il l'avait entraîné dans des dépenses de costumes peu compatibles avec les modiques appointements accordés aux acteurs à l'essai. 2,500 francs étaient assurément peu de chose pour doubler sur notre premier théâtre un acteur tel que Talma (1). Non-seulement on refusa d'augmenter son traitement, mais on voulut encore lui imposer l'obligation expresse de jouer, outre les premiers rôles, *tous ceux qui pourraient lui être distribués* (ses deux chefs d'emploi étaient de retour).

P. Victor cependant se montra disposé à y souscrire, mais à la condition qu'un congé de quinze jours lui serait accordé pour qu'il allât en province donner quelques représentations. — Après une longue délibération, le comité présidé par M. Papillon de La Ferté, intendant des Menus-Plaisirs, y consentit sous le sceau du secret. A peine Victor fut-il parti que ce secret devint celui de toute la Comédie. Tous les acteurs, sociétaires et pensionnaires, réclamèrent à l'envi la même faveur. Le comité, pour se tirer d'embarras, ne trouva rien de mieux que de nier sa parole et de révoquer sa permission.

Victor était à Amiens et au moment de jouer; le public se portait en foule au théâtre lorsqu'un ordre des Menus-Plaisirs vint enjoindre au préfet d'interdire les représentations de l'acteur voyageur. « *La journée d'hier*, disait le journal de cette ville, *a été pour les amateurs de l'art théâtral une véritable journée de désolation. M. Victor était attendu avec impatience; sa première représentation était annoncée par l'affiche, et toutes les*

(1) Par une grande faveur, une gratification de 600 francs avait été ajoutée à cette somme à titre d'encouragement.

loges étaient louées. » — M. le préfet n'en crut pas moins devoir obéir à l'ordre illégal d'un gentilhomme de la chambre, et force fut à Victor de revenir à Paris.

Irrité, comme on le pense bien, de la conduite du comité, Victor, aussitôt son retour, lui déclara qu'à moins d'obtenir quatre mille francs d'appointements et un mois de congé, il donnait sa démission. — On lui répondit que de tels avantages ne pouvaient lui être accordés; et que quant à sa démission, n'ayant point été donnée en temps utile, elle ne pouvait être acceptée. Ses prétentions étaient assurément très-modestes. Je crois néanmoins qu'il eût sagement fait de s'en abstenir; il ne paraît pas avoir assez apprécié les avantages de sa position, qu'il eût dû garder, selon moi, à quelque prix que ce fût. Il manqua de patience; et, en voulant hâter un résultat qui serait venu bientôt s'offrir à lui, il hâta l'accomplissement du vœu de ses ennemis.

Pour obtenir sa retraite, il eut recours à un moyen nouveau et qui acheva de tout brouiller : il la signifia à messieurs du comité *par huissier*, les assignant à huitaine, devant le tribunal civil, pour se faire reconnaître comme dégagé envers eux de tout service. — Cette résistance judiciaire d'un acteur à l'essai aux volontés de ses gouvernants, était un fait sans exemple dans les fastes de la Comédie. L'apparition inusitée de M. *Loyal*, qu'on était plus habitué à voir sur la scène qu'au comité, excita un soulèvement général.

Les sociétaires sont convoqués en assemblée extraordinaire; l'intendant des Menus-Plaisirs est appelé au secours; l'agitation gagne jusqu'au souffleur et aux pompiers; on eût dit que le feu était au théâtre. Furieux, le comité et les menus décrètent qu'ils retiendront le pensionnaire rebelle malgré lui et aux conditions qu'il leur plaira. — *Dût-il nous en coûter cinquante mille francs*, s'écrie un des plus fougueux orateurs de la troupe avec la voix de stentor et le hoquet dramatique qui le distinguaient, — *la Comédie-Française soutiendra son honneur et ses droits!* — Cet ardent tribun était Damas, acteur chaleureux et plein de zèle, mais tout gonflé d'importance lorsqu'il remplissait dans le gouvernement des coulisses le rôle d'homme d'état, et qui sur la scène se ressentit toujours de son origine. Damas, sorti de l'Ambigu, fut un des premiers acteurs qui contribuèrent à fausser le noble caractère de la scène française, en y introduisant le ton et les manières outrées du drame bourgeois.

Dans cet état de choses, tout service de la part de Victor était nécessairement suspendu, jusqu'à ce que la justice ou l'autorité supérieure en eussent ordonné autrement. Cependant son nom n'en fut pas moins porté au répertoire; on l'annonça comme devant paraître dans Philoctète, et à l'heure de l'ouverture du théâtre, on afficha : *Relâche.* — Le lendemain, deux agents de police se présentèrent à son domicile, le prièrent de les accompagner à la Préfecture... et il se vit écroué! — Quel délit lui était imputé? celui d'avoir fait manquer le spectacle au théâtre Richelieu! Quel jugement l'avait reconnu coupable et condamné à ce châtiment? Un arrêt de *monseigneur* le duc de Duras, premier gentilhomme de la chambre du roi, motivé sur un rapport de messieurs les membres du comité de la Comédie!

Cet attentat à la liberté individuelle n'était pas seulement contraire aux lois; il n'était pas même légitimé par le code pénal des coulisses, bien que les arrêts y fussent maintenus, car la législation du lieu n'impose à l'acteur qui refuse de jouer qu'une simple amende. Mais il est aisé de voir que l'autorité avait voulu saisir cette occasion pour essayer de ramener dans les théâtres le régime du bon plaisir; et nul doute qu'elle ne se fût enhardie dans cette tendance, si Victor eût supporté plus tranquillement son arrestation; mais ses plaintes et ses protestations prévinrent le retour de cet acte arbitraire. Il a bien mérité, dans cette circonstance, de tous les artistes dramatiques. Voici comment, du fond de sa prison, il signala au public, par la voie de la presse, ce monstrueux abus de pouvoir :

« Préfecture de police, 26 avril 1818.

« Monsieur le rédacteur,

« Victime d'une lâche intrigue de coulisse, j'apprends que le public m'impute des torts que je n'ai point ; jaloux de conserver son estime et sensible à la bienveillance avec laquelle il a encouragé mes essais au Théâtre-Français, je crois de mon devoir de l'éclairer sur ma conduite.

« Forcé de donner ma démission par suite de la modicité de mes appointements, et le comité ayant refusé de l'accepter quoique mon engagement fût expiré depuis le 1er avril, il m'a fallu réclamer ma libération par huissier. Le sénat comique, révolté de mon audace, m'a déclaré qu'il me retiendrait malgré moi. Je n'ai pas voulu jouer depuis cette époque jusqu'à ce qu'il en fût décidé autrement par qui de droit. Messieurs les semainiers ont profité de mon refus pour me compromettre aux yeux du public ; mais ils se sont joués de lui en me faisant afficher lorsqu'ils savaient que je ne paraîtrais pas, et en lui fermant les portes du théâtre au moment où il se disposait à y entrer.

« J'attendais que ma cause fût jugée, lorsque je me suis vu arrêter et incarcérer sans aucun avis préalable... C'est dans le lieu même où j'ai été détenu, il y a peu d'années, pour vouloir monter sur la scène que je le suis aujourd'hui pour vouloir la quitter. Cette bizarre circonstance me livre à bien des réflexions! Mon père, en me détournant de la carrière du théâtre, m'en faisait envisager toutes les traverses, tous les dangers. Dans mon aveuglement, je ne tins aucun compte de ses avis ; je bravai l'autorité paternelle, je résistai aux larmes d'une mère: c'est ici que je devais en porter la peine; mais n'en déplaise à mes adversaires, fort de mes droits, s'ils persistent à me les contester, je suis prêt non-seulement à les faire valoir devant les tribunaux, mais encore à leur demander justice de l'attentat qui vient d'être fait à ma liberté.

« P. Victor. »

P. Victor avait malheureusement perdu dans Saint-Prix un appui qui l'eût peut-être préservé de cette rigueur. Le roi des rois avait néanmoins conservé encore quelque crédit à la cour des Menus-Plaisirs, et Victor invoqua son secours pour sortir de captivité. — « *J'ignorais que vous fussiez dans une position aussi fâcheuse*, lui répondit aussitôt Saint-Prix, qui était accouru de la campagne ; *vous avez une bien mauvaise tête;*

mais, et j'en suis convaincu, vous avez un meilleur cœur. Je suis maintenant étranger aux affaires de théâtre, mais ayant dirigé vos premiers pas dans cette carrière, vous ne pourez être étranger pour moi ; je vais à l'instant chez M. le duc de Duras. »

Je ne sais quel fut l'effet de cette démarche ; mais M. Decazes, alors ministre de la police générale du royaume, avait été informé de l'affaire par la rumeur publique ; il demanda qu'on lui en rendît compte, réprimanda, dit-on, sévèrement M. le préfet de police d'avoir obéi à l'injonction illégale de M. de Duras, et ordonna l'élargissement du prisonnier.

La lettre de Victor aux journaux ne pouvait rester sans réplique ; elle mit le comble à l'indignation des archontes comiques, qui répondirent dans un long factum : — Qu'il était tenu de rester encore un an au Théâtre-Français parce que, d'après un arrêté de M. le duc de Duras, il avait été prévenu, selon l'usage, six mois avant la fin de sa première année d'essai, qu'il était conservé au nombre des pensionnaires pour l'année suivante ; — Parce qu'il fallait que de son côté M. Victor prévînt, à cette époque, la Comédie-Française de son dessein de la quitter ; qu'il n'en avait point annoncé l'intention, et que la Comédie avait dû dès lors compter sur la continuation de son service ; — Parce qu'enfin il avait demandé et touché une avance de quatre cents francs, à charge de la rembourser par douzièmes, de mois en mois, sur son traitement de 1818 à 1819 (1).

A ces arguments l'accusé répliqua : — Qu'il n'avait rien pu ré-

(1) Les affiches parisiennes publièrent à cette occasion l'article suivant :

« *Victor et les Comédiens français.*

« Après dix jours de détention, Victor est sorti de prison. Il n'y a peut-être que la paresse des Comédiens-Français qui soit comparable au ridicule de leurs prétentions, et il ne manque que des fautes d'orthographe à la note que ces illustres privilégiés ont fait insérer dans les *Annales* du 5 de ce mois, pour y reconnaître la rédaction collective du comité. Tous les raisonnements sur lesquels ces messieurs appuient leurs réflexions sont basés sur le respect dû à leurs règlements. En vérité, cela fait pitié ! Eh ! qu'est-ce que des règlements de comédie pour faire mettre un homme en prison sans une intervention légale !

A tort ou à raison, Victor a prévenu qu'il ne jouerait pas, et quand même il aurait en

pondre à l'avis de la Comédie, vu qu'on ne lui disait pas si l'augmentation de traitement qu'il avait sollicitée, un mois auparavant, lui était accordée; et qu'il avait dû attendre que ses appointements fussent fixés pour prendre une détermination ; — Que la lettre du comité portait d'ailleurs qu'il était conservé sous une condition nouvelle à laquelle il n'avait point acquiescé et qui exigeait de sa part une acceptation formelle ; — Que quant à l'avance qui lui avait été faite, elle avait été remboursée juridiquement par des offres réelles, avant l'expiration de l'année théâtrale, bien qu'on eût voulu l'empêcher de se libérer, et que le montant en était déposé à la Caisse d'amortissement.

Ce débat, dont on s'entretint beaucoup dans le public, fut, après l'enterrement de mademoiselle Raucourt, l'événement théâtral qui fit le plus de bruit dans les premières années de la Restauration. Toute la presse s'en occupa longuement; la scène même s'en empara. Les *Vélocipèdes*, vaudeville de MM. Scribe et Dupin, joué aux Variétés, petite revue épigrammatique où figuraient les chanteurs allemands, le grotesque aérien, et qui contenait un hommage à la mémoire de Nicolo, mort depuis peu, renfermaient aussi un couplet en l'honneur de Victor. D'autres chansonniers furets, toujours à l'affût des anecdotes qui peuvent fournir le sujet d'une pièce de circonstance, s'étaient saisis de celle-ci, et un de nos petits théâtres devait donner incessamment *le Comédien malgré lui*.

cela lésé la Comédie, ce n'en serait pas moins la Comédie qui aurait grièvement manqué au public, dont les droits seuls m'intéressent, en affichant un spectacle qu'elle savait ne pas devoir être représenté. Je ne dirai rien de la générosité avec laquelle la Comédie publie que Victor a *demandé, obtenu et touché* une avance de 400 francs; d'ailleurs la générosité de la Comédie-Française est connue : qui n'a admiré le noble empressement avec lequel elle a donné une représentation au bénéfice des incendiés de l'Odéon ? Sa munificence ne fait-elle pas une pension de 400 francs aux descendants de Corneille et à une arrière-petite-nièce de Racine ? Et ce n'est sans doute que pour n'avoir point à rougir devant cette dernière, qu'ils ont refusé jusqu'à une place d'*ouvreuse de loges* à sa fille, qui est réduite à la plus affreuse misère, tandis que ces messieurs exploitent à leur profit les œuvres de son illustre aïeul.... »

Paris.—Imprimerie d'A.-T. Breton et C°, r. Montmartre, 131.

www.ingramcontent.com/pod-product-compliance
Ingram Content Group UK Ltd.
Pitfield, Milton Keynes, MK11 3LW, UK
UKHW021117290826
14628UKWH00014B/2652

9 782019 691769